PONS

Wörterbuch der Jugendsprache

Deutsch – Englisch/Französisch/Spanisch

von Schülerinnen und Schülern
aus ganz Deutschland

Ernst Klett Sprachen GmbH
Barcelona-Budapest-Ljubljana-London-Posen-Pra

PONS Wörterbuch der Jugendsprache

Deutsch-Englisch/Französisch/Spanisch

Englische Übersetzung: Rupert Livesey, London, England
Amerikanische Übersetzung: Joe Slaats, Pennsylvania, USA
Französische Übersetzung: Frédéric Auvrai, Barbara Krüger, Stuttgart
Spanische Übersetzung: Carmen de Miguel, Saarbrücken

Warenzeichen
Wörter, die unseres Wissens eingetragene Warenzeichen darstellen, sind als solche gekennzeichnet. Es ist jedoch zu beachten, dass weder das Vorhandensein noch das Fehlen derartiger Kennzeichnungen die Rechtslage hinsichtlich eingetragener Warenzeichen berührt.

Auflage A1 2004

Internet: www.pons.de
E-Mail: info@pons.de
Vorwort: Barbara Krüger
Wörterauswahl: Katja Bucher; Melanie Huber; Vassiliki Tona, Stuttgart
Logoentwurf: Erwin Poell, Heidelberg
Coverentwurf: VIER FÜR TEXAS * Ideenwerk, Frankfurt/Main
Layout und Satz: Katja Bucher, Stuttgart
Druck: Reclam
Printed in Germany

ISBN 3-12-517647-6

VORWORT

Die Entstehung des Wörterbuchs der Jugendsprache 2005

Der Markenname unserer Wörterbücher geht auf das lateinische Wort „pons“ für „Brücke“ zurück und drückt auf bildhafte Weise die Mittlerfunktion aus, die unsere Publikationen haben: Mit ihrer Hilfe soll der Brückenschlag zwischen den Sprachen gelingen und das Überwechseln von einer Sprache in die andere – und zurück – erleichtert werden.

Aber Verständnishilfen können auch für die Angehörigen ein und derselben Sprachgemeinschaft sinnvoll sein. Man denke beispielsweise nur an die dialektale Vielfalt des Deutschen, durch die sich viele Kommunikationsschwierigkeiten zwischen Norddeutschen und Bayern, Sachsen und Pfälzern, Schwaben und Thüringern ergeben. Über die Missverständnisse, die auf diese Weise zustande kommen, gibt es, wie jeder weiß, zahlreiche Witze. Dass manche Wörter oder Ausdrücke nur in einer bestimmten Region gebräuchlich sind und von Sprechern aus anderen Gegenden einfach nicht verstanden werden, kann ebenso für Verwirrung oder Erheiterung sorgen wie das Phänomen, dass allgemein gebräuchliche Begriffe in einer speziellen Gegend eine ganz andere Bedeutung haben.

Wer an diesen dialektalen Verständigungshürden nicht scheitern will, kann ein Mundartwörterbuch zu Rate ziehen, das, oft in jahre- oder jahrzehntelanger Forschungsarbeit an einem Germanistik-Institut entstanden und in einem philologischen Fachverlag veröffentlicht, in der Regel sehr umfangreich ist. Eine amüsantere und leichtere Lektüre zu diesem Thema bieten preiswerte Taschenbücher oder Broschüren, die – sozusagen als „Sprachführer“ – in den letzten Jahren von verschiedenen Verlagen herausgebracht wurden. In ihnen werden in der Regel nur die häufigsten oder lustigsten Begriffe einer Mundart aufgelistet und auf Hochdeutsch erläutert.

Eine Broschüre dieser Art schwebte uns vor, als wir in der Redaktion zum ersten Mal über ein „Wörterbuch der Jugendsprache" nachdachten – eine kleine, vergnüglich zu lesende Verständnishilfe. Denn auch bei der Jugendsprache hat man es mit Wörtern und Ausdrücken zu tun, die nur eingeschränkt gebräuchlich sind (wobei die Gruppe der Sprecher hier altersmäßig begrenzt ist, nicht regional) und deswegen für Schwierigkeiten, Irritationen und Heiterkeit in der Kommunikation sorgen.
Das Besondere war aber, dass der Wortschatz von Jugendlichen selbst zusammengetragen werden sollte, denn nur so konnte er möglichst authentisch sein.

Dabei war immer klar, dass ein „Wörterbuch der Jugendsprache" ein Widerspruch in sich ist, und das in doppelter Hinsicht. Zum einen sind die jugendsprachlichen Prägungen schnelllebig; nur ein kleiner Teil von ihnen geht dauerhaft in den allgemeinen Sprachgebrauch über. Vor allem aus diesem Grund ist die Jugendsprache üblicherweise nicht in den Wörterbüchern verzeichnet sind, denn diese zeigen nur das, was sich eingebürgert hat und zum festen Sprachgebrauch gehört. Zum anderen hat die Jugendsprache quasi die Funktion einer Geheimsprache und ist deswegen für die Veröffentlichung nicht gerade geeignet.

Es war also ein ziemlich ungewöhnliches Unterfangen, fast ein Ding der Unmöglichkeit, als wir im Jahr 2001 ein PONS-Schülerpreisausschreiben veranstalteten und die Teilnehmer aufforderten, sich als Amateurlexikografen zu betätigen. Gefragt waren Begriffe, die von den Jugendlichen oft verwendet wurden, aber (noch) in keinem Wörterbuch verzeichnet waren. Die Wörter sollten auf Deutsch erläutert und ihr Gebrauch anhand von Beispielsätzen veranschaulicht werden; außerdem baten wir um die Übersetzungen der Fundstücke. Alles in allem keine leichte Aufgabe, aber erstaunlicherweise stieß sie auf riesiges Interesse. So begeistert wir von der großen Resonanz des Preisausschreibens waren – das den Schülerinnen und Schülern ja ein paar Aspekte unserer Arbeit, der zweisprachigen Lexikografie, spielerisch näher bringen sollte –, so mühsam war mitunter die Sichtung der vielen, kistenweise bei uns eingehenden Einsendungen.

Aufgrund des großen Erfolgs wiederholen wir seither das Preisausschreiben, und auch in diesem Jahr, 2004, war es ein Volltreffer. Das Ergebnis liegt nun schwarz auf weiß vor.

Die Merkmale der Jugendsprache

Hinter dem Bemühen der Jugendlichen um eine eigene Ausdrucksweise steht das Streben nach einer eigenen Identität. Um dieses Ziel zu erreichen, ist die Abgrenzung von der Welt und der Sprache der Erwachsenen ebenso wichtig wie der fast verschwörerisch enge Kontakt mit Gleichaltrigen, wodurch die Jugendsprache fast eine Geheimsprache ist: sie dient den Eingeweihten als Erkennungszeichen und Verständigungsmittel und festigt den Zusammenhalt der Gruppe. In erster Linie ist dieser Jargon also ein Mittel der Abschottung gegen die Erwachsenenwelt, aber er enthält auch ein ausgeprägtes spielerisches Moment.

Charakteristisch ist außerdem, dass die jugendsprachlichen Ausdrücke fast alle „markiert" sind (also der umgangssprachlichen oder saloppen Sprachebene angehören) und oft einen abwertenden Beiklang haben. Da dies fast ausnahmslos für den Inhalt dieser Broschüre gilt, haben wir darauf verzichtet, die einzelnen Stichwörter entsprechend zu kennzeichnen. Angaben wie sl (für salopp) oder pej (für pejorativ, abwertend) wären hier in so großer Menge erforderlich, dass sie den Lesefluss erheblich stören würden.

Eine weitere Besonderheit ist schließlich die Schnelllebigkeit dieser Ausdrücke. Wie jeder Erwachsene oder ältere Mensch weiß, hat er als Jugendlicher im Umgang mit Gleichaltrigen Begriffe verwendet, an die er sich heute kaum noch erinnern kann, weil sie wieder verschwunden sind, sei es steiler Zahn (mit der Bedeutung attraktives Mädchen), sei es schau (mit der Bedeutung sehr gut, ausgezeichnet). Auch bei dem hier verzeichneten Wortschatz handelt es sich zum größten Teil um sprachliche Eintagsfliegen.

Bei der Analyse der Wettbewerbsbeiträge stießen wir immer wieder auf Ausdrücke, die eine große Freude an der Verfremdung zeigen. So haben zum Beispiel allgemein gebräuchliche Wörter (Auslaufmodell, Biotonne, Nagelstudio) oder Begriffe aus der Werbesprache (Doppel-Whopper, vierlagig) eine überraschende neue Bedeutung bekommen. Oder es werden allgemeinsprachliche Wörter abgewandelt, wodurch neue Begriffe kreiert (Aquaholiker, Gaystation) und Verfremdungseffekte geschaffen werden. Nicht zu vergessen die echten und vermeintlichen Anglizismen, die die Jugendsprache stark beeinflussen: hier reicht die Spanne von der Schaffung einer Alternativschreibung (phat statt fett) über die Entlehnung englischer Wörter, die dann als Mischform verwendet werden (cruisen, entstanden aus to cruise und der deutschen Verb-Endung -en), bis hin zur Bildung englisch klingender Wörter, die es im Englischen so nicht gibt (Higgi, entstanden aus hiccups, abgekürzt und mit der affektiven Endung –i versehen).

Kein Wunder, dass die Metapher – eines der wichtigsten verfremdenden rhetorischen Mittel – in den jugendsprachlichen Ausdrücken sehr häufig vorkommt. Als eine Art verkürzter Vergleich („sieht aus wie …, ist wie …“) ermöglicht sie es beispielsweise, einen Mann mit dichtem, struppigem Vollbart als sprechende Hecke oder einen Dackel als behaarte Bifi zu bezeichnen.

Die dominierenden Themen sind naturgemäß Körper und Sexualität, besonders im Hinblick auf Körperfunktionen, Aussehen und Attraktivität; die Drastik, mit der sie behandelt werden, mutet wie der Versuch eines Gegenzaubers an.

Unsere Redaktion hat keine „Geschmackskontrolle“ oder Zensur vorgenommen.
Entscheidend für die Auswahl der Stichwörter und Wendungen war die Häufigkeit, mit der sie in den Einsendungen genannt wurden.

Bei allen beteiligten Schulklassen – Schülerinnen und Schülern, Lehrerinnen und Lehrern – bedanken wir uns ganz herzlich für dieses Wörterbuch, das sie durch ihr Engagement und ihre Kreativität möglich gemacht haben.

Wir wünschen allen Jugendlichen und Junggebliebenen, allen an Sprache Interessierten und allen Wörterbuchfans viel Freude mit dieser Broschüre.

Stuttgart, im September 2004
Redaktion PONS-Wörterbücher

Hinweis für die Benutzung:

Bei den englischen Übersetzungen, die sowohl im britischen als auch im amerikanischen Englisch gebräuchlich sind, steht keine Kennzeichnung in Form eines Nationalitätenschilds.
Wenn es solche gemeinsamen Übersetzungen gibt, zeigen die Symbole (GB) und (USA) an, wo die betreffenden englischen Ausdrücke verwendet werden.
Die französischen Übersetzungen sind grundsätzlich mit (F) und die spanischen mit (E) gekennzeichnet.

Deutsch
Englisch
Französisch
Spanisch

abbendern *vi (die ganze Nacht durchtanzen)*
to pull an all-nighter, to party 24/7
go shake some booty, to rock all night, to go out on the town,
to put the fire in the box, to cut a rug, to get jiggy with it (USA)
pister à donf (F)
pegarse toda la noche de bailoteo (E)

abdrücken *vi (Zungenküsse austauschen)*
(to give someone a) French kiss
to pull, to snog (GB)
to suck face, to swallow tongue, to mack (on sb) (USA)
morrearse (E)
Peter hat mit Claudia abgedrückt.
Peter and Claudia did a tonsil tango/played some tonsil tennis. (GB)
Peter and Claudia sucked face. (USA)
Peter a roulé un steak [*o* une galoche] à Claudia (F)
Peter se ha morreado con Claudia. (E)

abfetzmäßig *adj (sehr gut)*
lush, quality (GB)
da bomb, radical (USA)
géant(e), dément(e), énorme (F)
Das ist eine abfetzmäßige Sache.
That's really lush. (GB)
C'est énorme. (F)
Es de puta madre. (E)
Die Party war einfach abfetzmäßig!
The party was quality! (GB)
That party was da bomb! (USA)
¡La fiesta fue de verdad la hostia! (E)

abgestempelt *adj (keine Jungfrau mehr)*
bagged, popped, tagged (GB)
busted cherry (USA)
desvirgado, desvirgada (E)
Die da ist schon abgestempelt.
Celle-là, elle s'est déjà fait sauter. (F)

abhapsen *vt (abbeißen)*
to bite off
prendre un croc de (F)
pegar un mordisco (E)

abkacken *vi (versagen)*
se planter Ⓕ
cagarla Ⓔ
in der Prüfung voll abkacken
to screw the exam up badly
se planter complètement aux exams Ⓕ
cagarla en el examen Ⓔ

(ab)rippen *vt (stehlen)*
to steal, to pinch, to filch, to lift, to rip off, to swipe
to nick (GB)
to get a five-finger discount, to gank (USA)
braquer Ⓕ
mangar, choricear, afanar Ⓔ
Hast du die CDs abgerippt? – Nee, gekauft.
Did you nick the CDs? – Nah, bought 'em. (GB)
Did you swipe the CDs? – Nope, bought 'em. (USA)
Tu les a braqués les CD? – Non, achetés. Ⓕ
¿Has choriceado los compact? – No, los he comprado. Ⓔ

Abschleppöse *f (Nabelpiercing in Form eines Rings)*
belly ring
piercing *m* au nombril Ⓕ
piercing *m* de ombligo Ⓔ

abziehen *vt (klauen)*
to nick (GB)
chourer (F)
choricear, birlar (E)
Wo haste die CDs her? Wo abgezogen? – Nee, geschenkt bekommen.
Where did you get the CDs? Did you nick 'em? – Nah, got given 'em. (GB)
Ça vient d'où, ces C.D.? Tu les as chourés quelque part? – Non, on me les a offerts. (F)
¿De dónde has sacado los compact?, ¿los has birlado? – No, me los han regalado. (E)

Achseldackel *m (Achselhaare)*
jungle pits (GB)
pit hair (USA)
touffe *f* sous les bras (F)
pelambrera *f*, sobacada *f* (E)

Achselkaffee *m (Schwitzfleck unter den Achseln)*
sweat stain, pit slick (GB)
auréole(s) *f(pl)* sous les bras (F)
mancha *f* de sudor (E)

Achselterror *m*

Achselterror haben *(stark schwitzen)*
to have stinky armpits
suer sa mère Ⓕ
estar empapado en sudor Ⓔ

Ackerdesigner *m (Landwirt)*

country bumpkin, yokel
Billy Bob, hick (USA)
bouseux *m* Ⓕ
paleto *m* Ⓔ

Affensperma *nt (Bananensaft)*

monkey juice (GB)
banana juice (USA)
jus *m* de banane Ⓕ
zumo *m* de plátano Ⓔ

aldig, voll Aldi *adj (so billig wie von Aldi)*

skanky, naff (GB)
ghetto (USA)
pas reuch Ⓕ
tirado (de precio) Ⓔ

Alimentenkabel *nt (Penis)*
alimony rod, johnson (GB)
large unit, boner, stiffy, woody, get hard (USA)
zob *m*, teub *f*, zgueg *m* (F)
manguera *f*, chorra *f* (E)

alles klisse *adj (locker, lässig, ruhig)*
everything's sweet/cool
all's cool (USA)
ça roule, ça baigne (F)
tranqui (E)

Alugurke *f (Fahrrad)*
bike
two-wheeler, scrambler (USA)
bécane *f* (F)
bici *f* (E)

Analhusten *m*
Analhusten haben *(eine Blähung entweichen lassen)*
to fart, to let it rip
to parp (GB)
to cut the cheese, rip a fart, pass gas (USA)
avoir le cul pourri (F)
tirarse un pedo (E)

A

Analpolonaise *f (Gruppensex homosexueller Männer)*
anal polonaise, poo party (GB)
gay gang bang, fudge factory (USA)
enculade *f* (F)
enculada *f*, maricas *mpl* echando un culín (E)

Analseufzer *m (entweichende Blähung)*
trump, guff (GB)
pass gas (USA)
caisse *f* (F)
cuesco *m* (E)

anfucken *vt (beleidigen)*
to fuck with (sb), to diss (GB)
to talk smack (USA)
casser, mettre à l'amende (F)
joder, putear (E)

ansaugen *vt (küssen)*
to give a hickie (love bite)
bisouiller (F)
besar a (E)

Aquaholiker(in) *m(f) (Person, die viel Wasser trinkt)*
aquaholic (GB)
aquahead, waterboy (USA)
chameau *m* (F)
persona *f* que bebe más agua que una rana, bebepiscinas *m* (E)

Arschgaudi *f (Analsex unter Männern)*
smudging, rimming, packing the fudge
fudge-packing (USA)
enculade *f* (F)
enculada *f* (E)

Arschgeweih *nt (breite Tätowierung oberhalb des Gesäßes)*
whale tail, tail tatt (GB)
butt-fuck tatoo (USA)
flèche *f* (F)
tatuaje *m* encima del culo (E)
Ey lolle, scharfes Arschgeweih!
Wicked butt-fuck tatoo!
Trop classe la flèche! (F)
¡Eh, mola el tatuaje encima del culo! (E)

arschlos *adj (sinnlos)*
random
ouf (F)
absurdo (E)

Asphaltdeko *f (tot gefahrene Tiere auf der Straße)*
road-kill (USA)
animal *m* écrabouillé (F)
pegatina *f* de asfalto (E)

Assisticker *m (Tätowierung)*
tatt(oo)
tat[t]oo *m* (F)
tatuaje *m* (E)

asslig *adj (widerlich, eklig, abscheulich)*
foul, gross, nasty, rank, yucky
grotty, mingin, rough (GB)
disgusting, gnarly (USA)
dégueu (F)
repugnante (E)
Dein neuer Freund ist asslig.
Your new crush/boyfriend is grim. (GB)
Your new boyfriend is gross. (USA)
Ton nouveau keum est dégueu. (F)
Tu nuevo amigo es repulsivo. (E)

auf jeden *adv (unbedingt)*
sure thing
way, fer sure, hell yeah (USA)
ouais, je veux! (F)
sin falta (E)
Kommst du mit in die Disko? – Na, auf jeden!
Tu viens aussi en boîte? – Ouais, plutôt qu'je viens! (F)

auf keinsten *adv (auf keinen Fall)*
no way, not on your life
no chance, hell no! (USA)
carrément pas, pas question (F)
en absoluto, ni hablar (E)

aufbitchen
sich aufbitchen *vr* 1. *(sich schminken)* 2. *(sich zurechtmachen)*
to get dolled up/tarted up, done up like a dog's dinner (GB)
to get buffed up for a party (USA)
1. se maquiller à la truelle, se pixeliser, se ravaler la façade
2. se styler comme une tepu (F)
1. darse unos brochazos; 2. prepararse (E)

Aufrisszone *f (Ort, an dem man mit hoher Wahrscheinlichkeit einen Freund/eine Freundin finden kann)*
pick-up point
lieu *m* de drague Ⓕ
picadero *m* Ⓔ

Auslaufmodell *nt (Person, die eine schwache Blase hat)*
dribble bag, peanut bladder (GB)
pee body (USA)
pisse-trois-gouttes *mf* Ⓕ
meón *m*, meona *f* Ⓔ

Bärenkiller *m (Frau, die sich im Schambereich rasiert)*
shaven maiden, pussy clipper, hedge trimmer (GB)
brazilian (USA)
meuf *f* rasée (F)
tía *f* depilada (E)

Bauarbeitermarmelade *f (Hackfleisch)*
mince (GB)
road kill (USA)
hachis *m* (F)
carne *f* picada (E)

Behaarte Bifi *f (Dackel)*
sausage dog
wiener dog, hot dog (USA)
saucisse *f* à quatre pattes (F)
perro *m* salchicha, salchicha *f* peluda (E)
Was hast du denn für eine behaarte Bifi als Haustier?
What? You've got a sausage dog as a pet?
So, you have a hotdog as a house pet huh? (USA)
C'est quoi ton saucisson à quatre pattes? (F)
¡Vaya una salchicha peluda que tienes! (E)

Besenstall *m (Mädchenschule)*
chick's den, lesbian labs (GB)
catholic meat market, tuna fest (USA)
école *f* de gonzesses (F)
cole *m* de chochines (E)

Bildungsschuppen *m (Schule)*
skool
bahut *m* (F)
cole *m* (E)

Biotonne *f (Vegetarier, Vegetarierin)*
leaf-eater, rabbit, veggie (GB)
someone who eats bird food/garden burgers (USA)
lapin *m* (F)
vegetariano *m*/vegetariana *f*, comelechuga *mf* (E)

Blechbrötchen *nt (Bierdose)*
tinny (GB)
beer, brewsky (USA)
canette *f* de binouze (F)
birra *f* (E)

blümeln *vi (flirten)*
to flirt
to hit on, to scam, putting the moves on someone (USA)
flirter (F)
enrollarse (E)
Die blümeln ja schon wieder!
They're flirting again!
Regarde, ils se bécotent encore! (F)
Der blümelt aber auch mit jeder, oder!
He flirt's with everyone!
He's hitting on everyone tonight, isn't he? (USA)
Il flirte vraiment avec n'importe qui, hein? (F)
Ese intenta hacerse a todas, ¿no? (E)

Boa würgen *(urinieren)*
to whizz (GB)
to take a whiz, to take a squirt, to drain your hose, to drain your main vain, to take a leak, to water the lawn, to see a man about a horse (USA)
pisser un bol (F)
cambiar el agua al canario, ir a ver al señor Roca (E)

Bong *f (Wasserpfeife, auch Blubber)*
hookah
pipe *f* à eau (F)
narguile *m* (E)

Bräuterei *f (Anmache, Mädchenjagd)*
pulling, hunting (GB)
hit on, chat up, trolling (USA)
plan *m* drague (F)
caza *f*, ligoteo *m* (E)

breit *adj (berauscht)*
bombed, hammered, mashed, smashed, plastered, wasted, trashed, fucked-up, annihilated, obliterated, ripped, loaded, blitzed (USA)
cassé(e), défoncé(e) (F)
con el punto (cogido) (E)
Ich war am Wochenende wieder breit – krasse Fete!
I got mashed again at the weekend – bangin' party!
I was totally fucked-up again this weekend – kick-ass party! (USA)
Ce week-end, j'étais encore cassé(e) [*o* défoncé(e)]. Une fête démente! (F)
Este fin de semana he vuelto a coger el punto – ¡una fiesta de puta madre! (E)

Brombeerbums *m (Geschlechtsverkehr mit einem unrasierten Partner)*
sandpaper screw, hedgehog hump (GB)
gritty, dirty hippies (USA)
queutage *m* avec un keum pas rasé (F)
sexo *m* sin depilar (E)

burnen *vi (sehr attraktiv, bewundernswert, cool sein)*
to be safe/well cool, to be (hell of)
cool, bitchin', awesome, rad, rock, sweet, choice, tight, wicked, pimp, chillin'/the (da) bomb (USA)
être dément(e) de chez dément(e) (F)
de putísima madre, superguay (E)
Das Brett burnt – geilo!
This track's bangin'/this track kicks arse – wicked! (GB)
This track rocks – it's awesome! (USA)
Le tube est dément de chez dément – trop fort! (F)
¡Esta canción es superguay]! (E)

Buschscheißer *m (Pfadfinder)*
nature boy (GB)
bait, NAMBLA member (North American Man/Boy Love Association) (USA)
louveteau *m* (F)
tío *m* que va de social, progre *m* (E)

chiggen *vi, vt (rauchen)*
to (have/go for a) smoke
méfu (F)
fumar (E)
Gehen wir eine chiggen?
Fancy a smoke/spliff/joint/roll? (GB)
Wanna go for a smoke? (USA)
On en tire une? (F)
¿Echamos un cigarrillo? (E)

Clearasil-Testgelände *nt (Gesicht mit vielen Pickeln)*
crater/pizza face
mercerie *f* (F)

cremig *adj*
cremig bleiben *(locker, cool bleiben)*
to stay cool, to stay safe
to chill (out), to take a (chill) pill, to relax, to easy down (USA)
keep cool (F)
tranqui, tranqui (E)
Alter, bleib bloß mal cremig!
Hey man, take a chill pill! Dude, chill out! (USA)
Mec, ne la ramène pas! (F)
¡Oye tú, tranqui macho! (E)

cruisen *vi (ziellos umherfahren)*
to cruise
tourner en caisse Ⓕ
viajar sin rumbo fijo Ⓔ

dick *adj (sehr gut)*
phat
wicked, pimp, chillin', sweet, tight, (hell of) cool, bitchin', awesome, rad, rock, choice, the (da) bomb (USA)
trop bon(ne) (F)
súper, de puta madre (E)

Digger *m (Freund, Kumpel, Kollege)*
pal, buddy, babe, honey, sweetie, gorgeous, sexy mate (GB)
homey, dude, homeboy, man, brother (USA)
pote *m*, poto *m* (F)
colega *m*, compañero *m*, tío *m* (E)
Ey Digger, was geht?
Hi mate, wassup/wagwon? (GB)
Dude, wazzup? (USA)
Hé vieux, quoi de neuf? (F)
¿Qué pasa, tío? (E)

dissen *vt (sich abfällig äußern über)*
to dish
casser (F)
ser despectivo con (E)
Peace, Alter! Ich wollte dich nicht dissen!
Peace Man! I didn't mean to dish you!
Relax, mon vieux, je voulais pas te casser! (F)
¡Tranqui, tú, no quería ofenderte! (E)

dönern *vi (eine Blähung haben)*
to fart
lâcher [une caisse] Ⓕ
tirarse pedos [*o* cuescos] Ⓔ
Wer dönert hier denn dauernd rum?
Who's farting about here?
Qui c'est qui lâche sans arrêt ici? Ⓕ
¿Quién es el que se tira pedos aquí todo el rato? Ⓔ

Doppel-Whopper *m (Person mit extremem Übergewicht)*
bloater (GB)
a tubby, large Marge, a blimp, wideload, lardass, blubber butt (USA)
baleine *f* Ⓕ
bola *f* de sebo Ⓔ

Duftgemüse *nt (Blumen)*
perfume providers (GB)
flowers
fleurs *fpl* Ⓕ
flores *fpl* Ⓔ

durchkneten *vt (Geschlechtsverkehr haben mit)*
to grind, to shag all night (GB)
to hit a home run (USA)
fucker, niquer Ⓕ
follar, darse un revolcón Ⓔ

durchsumpfen *vi (eine Nacht durchfeiern)*
to pull an all-nighter (also means to study all night long)
to go clubbing, to party, to go bar hopping (USA)
faire la teuf toute la nuit (F)
ir de empalmada (E)

DVD gucken *(Geschlechtsverkehr haben)*
have a coffee (GB)
to seal the deal (USA)
niquer, baiser (F)
echar un polvo (E)

Eierkneifer *m (sehr enge Männerunterwäsche)*
speedos
undercrackers (GB)
tighty whities, meat hangers (USA)
moule-burnes *m* (F)
gayumbos *mpl* de marcar paquete (E)
Meine Unterhose bringt mich heute noch um! Sie ist ein richtiger Eierkneifer!
My tighty whities are killing me today! (USA)
Plein le cul de mon slip! Il me serre carrément les burnes! (F)
¡Estos gayumbos van a acabar hoy conmigo! ¡Me están machacando los huevos! (E)

Eierspalter *m (sehr enge Männerhose)*
bollock splitters, posing pants, spanners (GB)
banana hammock (USA)
moule-bite *m* (F)
pantalón *m* marcando paquete (E)

eingelasert *adj (tätowiert)*
tattooed
tatted, graffed (GB)
tatoué(e) (F)
tatuado (E)
So'n Typ mit lauter Piercings und von oben bis unten eingelasert war der.
The guy was covered in piercings and tattoos.
The dude was covered with piercings and tatted from head to toe. (USA)
Putain le mec, il était percé de partout et tatoué(e) de haut en bas. (F)
Era un tipo lleno de piercings y tatuado de pies a cabeza. (E)

eintüten *vt (klauen)*
to steal, to pinch, to filch, to lift
to nick (GB)
to get a five-finger discount, to swipe, to gank (USA)
braquer (F)
choricear, birlar (E)

Einwegstopfer *m (Tampon)*
blood bung, travel plug, Dracula's teabag (GB)
plug, cigar, jam rag (USA)
tampon *m* (F)
tampón *m* (E)
Ich muss noch Einwegstopfer kaufen.
Faut que j'aille acheter des tampons. (F)
Tengo que comprar tampones. (E)

Ellies *pl (Eltern)*
da rentals
rents (GB)
old farts, old lady and old man, the p's (USA)
vieux *mpl* (F)
viejos *mpl* (E)
Meine Ellies sind heute nicht zu Hause.
My rents aren't at home today.
Mes vieux sont pas là aujourd'hui. (F)
Mis viejos están fuera esta noche. (E)

Embryoschubsen *nt (Kinderdisko)*
disco
teeny-bopper disco (USA)
boîte *f* pour gniards (F)
discoteca *f* para críos, guardería *f* (E)

endmadig *adj (besonders schlecht)*
lame, crap, shit
à chier (F)

Entsafter *m (Freundin, Sexualpartnerin)*
dejuicer, girlf, jones (GB)
breezy, shorty (USA)
grosse *f*, meuf *f* (F)
chupasangre *f*, chorba *f* (E)

entschleunigen *vi (die Dinge etwas langsamer angehen)*
to chill, to kick back (GB)
to relax, to chill, to kick back (USA)
rester cool (F)
ir de tranqui, echar el freno (E)
He, kannse mal entschleunigen oder was?
Hey, can you chill a bit?
Keep cool, ok!; Calme ta joie! (F)
¡Oye, echa el freno! (E)

erden
sich erden *vr (hinfallen)*
to bail
to take a digger (USA)
se viander (F)
caerse (E)

Erpelfolie *f (Gänsehaut)*
goose bumps, pimples
les poils *mpl* au garde-à-vous (F)
carne *f* de gallina (E)

Erzeugerfraktion *f (Eltern)*

rentals
olds (GB)
old farts, the p's (USA)
mapa *mpl*, rampes *mpl* (F)
viejos *mpl* (E)

Faker *m (Simulant)*
faker
fake, loser, poser (USA)
gros mytho *m* (F)
teatrero *m* (E)

fischen
Geh fischen! *(Hau ab!)*
Step off/down!, Taxi!, Get your coat!, Bog off! (GB)
Beat it!, Scram!, Take off! (USA)
Dégage!, Jarte de là!, Gicle de là! (F)
¡Ábrete!, ¡Date el piro!, ¡Nájate! (E)

flashen *vt (begeistern)*
to get really excited about
faire kiffer (F)
entusiasmar, molar mucho (E)

Fleischmütze *f (Glatzkopf)*
slap-head (GB)
chrome dome, cue ball (USA)
crâne *m* d'œuf, tête *f* de zob (F)
calvorota *f*, bombilla *f* (E)

fotomondös *adj (auf Fotos gut aussehend, sehr fotogen)*
photogenic
modelistic (GB)
photogénique (F)
fotogénico/fotogénica (E)

Fotzenstöpsel *m (Tampon)*
tampon, fanny plug
plug, cork, the cotton pony, on the rag (USA)
tampax *m* (F)
tampón *m*, tapacoños *m* (E)

Fratzengeballer *nt (Schlägerei)*
brawl
fisticuffs, punch-up (GB)
fist-to-cuffs, throw-down (USA)
baston *f* (F)
gresca *f*, cisco *m* (E)
Ich bin gestern Abend in der Disko in ein Fratzengeballer geraten.
Yesterday evening I got caught up in a brawl.
Je me suis bastonné hier soir en boîte. (F)
Ayer en la discoteca me metí en una gresca. (E)

Fressbrett *nt (Zunge)*
tongue (GB)
hockey puck (USA)
langue *f* (F)
húmeda *f* (E)

Fresshöhle *f (Mund)*
gob, chops (GB)
pie-hole (USA)
tronche *f*, gueule *f* (F)
buche *m* (E)

Fressnarkose *f (Mittagsschlaf)*
power nap
to take a snooze (USA)
roupillon *m* (F)
(echarse) una cabezadita después de comer (E)

Fresspause *f (Diät)*
diet
calorie counting (USA)
régime *m* (F)
dieta *f*, régimen *m* (E)

Fritteusentaucher(in) *m(f) (Person mit fettigem Haar)*
chip pan head (GB)
rockabilly, pizza man hair, hair farmer, greasy pizza man, grease ball, skids (USA)
keum *m*/meuf *f* avec les cheveux trop crades (F)
persona *f* con el pelo grasiento (E)

Frittenbunker *m (Imbissbude)*
chippy (GB)
fast-food joint, burger stand/joint (USA)
baraque *f* à frites, friterie *f* (F)
bareto *m* (E)

Fünf-Finger-Rabatt *m (Diebstahl)*
5-finger-discount
to squelch, to yoink (USA)
chourre *f* (F)
choriceo *m* (E)

gamsig *adj (sexuell erregt)*
horny
randy (GB)
lookin' to get laid, hot and bothered, all riled up (USA)
chaud(e), auch (F)
caliente (E)
Er ist scharf auf die Frauen, er ist gamsig.
He's got the hots, he's really up for it.
He's checking out the action, lookin' to get laid. (USA)
C'est un keum qui aime les meufs, il est chaud [*o* auch]. (F)
Busca mujeres sin parar, va como una moto. (E)

Gaystation *f* 1. *(Schwulenbar)* **2.** *(Schwulentreff im Freien)*
gay bar, batty bar (GB)
1. back door club (USA)
1. troquet *m* homo 2. lieu *m* de drague homo (F)
1. encuentro *m* de muerdealmohadas 2. grupo *m* de maricones (E)

Gedankenmanifestator *m (Stift)*
pen, pencil
bic *m* Ⓕ
boli *m* Ⓔ
Gib mir bitte deinen Gedankenmanifestator.
Give us yer pen.
Lemme get a pen. (USA)
Passe-moi ton bic, s'te plaît. Ⓕ
Pásame el boli. Ⓔ

Gehirnprothese *f (Taschenrechner)*
calculator, electronic brain
calto *f*, caltoche *f* Ⓕ
calculadora *f* Ⓔ

Gehsteigpanzer *m (sehr korpulente Person)*
fat lump
bloater (GB)
blimp, blubber butt, person who swallowed a pumpkin (USA)
gros tas *m* Ⓕ
cachas *m*, toro *m* Ⓔ

Gesäßhusten *m*
Gesäßhusten haben *(eine Blähung entweichen lassen)*
to fart
to let up (GB)
to cut the cheese, to rip a fart, to pass gas (USA)
loufer (F)
tirarse un pedo, tirarse un cuesco (E)

Gesichtspullover *m (behaartes Gesicht)*
gorilla
monkey face (USA)
tronche *f* poilue (F)
barba *f* (E)

Glubschi *m (Spanner)*
perv
peeping Tom (USA)
mateur *m* (F)
mirón *m* (E)

göbeln *vi (sich übergeben)*
to chuck, to puke, to spew, to throw up, to vomit
to upchuck, to toss one's cookies, to kiss the porcelain god, to hurl, to blow chunks, to heave, to ralph, to spew (USA)
gerber, dégueuler (F)
cambiar la peseta (E)
Nach dem Bier muss ich göbeln.
Last pint before I chuck.
Après la bière, faut qu'je gerbe [*o* dégueule]. (F)
Después de la cerveza tengo que cambiar la peseta. (E)

Grammatikluder *nt (jemand, der nicht gut in Grammatik ist)*
dumbo, thicko
quelqu'un qui parle mal la France (F)
un/una inútil para la gramática, un negado/una negada para la gramática (E)

Grinsblech *nt (Mensch, der ständig lächelt)*
smiler, grinner
smiley (USA)
personne qui a toujours la banane (F)
un/una que lleva la sonrisa puesta (E)

Gruppenzwangkind *nt (Person, die keine eigene Meinung hat)*

sheep, puppet
wannabe (USA)
copieur *m*/copieuse *f* (F)
vendido *m*/vendida *f*, veleta *mf* (E)

harzen *vi, vt (kiffen, rauchen)*
to smoke dope, to spark up (a joint)
to have a spliff (GB)
to get wasted/high, to toke, to smoke up (USA)
se défoncer (F)
emporrarse (E)
Ich harze mir etwas.
Time for a spark-u. Time to roll up.
I'm about to get wasted. (USA)
Me voy a meter un petardo. (E)
Sie haben praktisch den ganzen Nachmittag geharzt.
Ils se sont défoncés pratiquement tout l'après-midi. (F)

Hasenhirn *nt (Dummkopf)*
twat, plonker (GB)
dipshit, dumb ass/fuck, idiot, stupid (ass/fuck), knucklehead, moron, retard (USA)
relou *m* (F)
idiota *m*, imbécil *m* (E)
Dieses Hasenhirn macht nur Blödsinn.
This twat's just pissing about.
This dipshit's just bein' an idiot. (USA)
Ce gros relou ne fait que des conneries. (F)
Este gilipollas sólo hace tonterías. (E)

Hauptgenerator *m (Penis)*
power point (GB)
jackhammer, plunger, beefstick, majesty, manhood, meat loaf (USA)
teub *f*, queue *f* (F)
chorra *f* (E)

Hecke *f*
sprechende Hecke *(Mann mit dichtem Bart)*
talking bush, Merlin, Gandalf, Jim Royle (GB)
wolly, mountain man, grizzly adams (USA)
barbu *m* (F)
barbudo *m* (E)

Herrenhandtäschchen *nt (Sechserpack, Sixpack)*
6-pack
pack *m* de binouzes (F)
pack *m* de seis cervezas (E)

Higgi *m (Schluckauf)*
hicks (GB)
hiccups (USA)
hoquet *m* (F)
hipo *m* (E)

Hirnblähungen *pl (dumme Gedanken, Ideen)*
bullshit, gas, no-brainer (GB)
numb nut, brain farts (USA)
de la bouillie dans le cerveau (F)
paridas *fpl*, chorradas *fpl* mentales (E)
Vergiss mal deine Hirnblähungen und bleib realistisch!
Don't talk such bullshit, get real! (GB)
You are such a numb nut, try staying realistic! (USA)
Oublie ces conneries et sois réaliste! (F)
¡Déjate de chorradas mentales y sé realista! (E)

Hoppeldrop *m (Kondom)*
johnny, rubber (GB)
french letter, pink glove, Jimmy hat, rubber, raincoat, dome, tent (USA)
capote *f* (F)
goma *f* (E)

horizontal
horizontal benachteiligt *adj (dick, fett)*
horizontally disadvantaged (GB)
horizontally challenged (USA)
trop gros(se) (F)
ceporro, cebón (E)

Hülsenfrucht *f (Bierdose)*
tinny (GB)
beer, brewsky (USA)
canette *f* de binouze (F)
birra *f* (E)

Hummeltitten *pl (Gänsehaut)*
goose bumps
poils *mpl* au garde-à-vous (F)
carne *f* de gallina, pelos *mpl* como escarpias (E)

Hundescheißemagnet *m (Pechvogel)*
dogshit/birdshit magnet, walking disaster, klutz, drongo (GB)
looser, cooler (USA)
poisseux *m*/poisseuse *f* (F)
persona *f* con mala sombra (E)

Ikeakind *nt (Schwede, Schwedin)*
Swede
Sven, Ulrike (GB)
Suédois(e) (F)
sueco *m* (E)

Intelligenter Toilettenbesucher *m (Klugscheißer)*
clever shit/dick
wisenheimer, Ms. Know-it-all, smart Aleck, grind (USA)
p'tit con *m*/p'tite conne *f*, p'tit péteux *m*/p'tite péteuse *f* (F)
sabelotodo *mf* (E)

Intelligenzallergiker *m (Dummkopf)*
moron, blockhead, brainbox
waste of oxygen, waste of skin (USA)
tache *f* (F)
anormal *m*, subnormal *m* (E)
Konntest du die Aufgabe etwa nicht lösen – du Intelligenzallergiker?
Couldn't you do the exercise – you moron! (GB)
Don't tell me you couldn't solve the problem – you wisenheimer! (USA)
T'as pas réussi à faire l'exercice, espèce de pauv' tache! (F)
¿Qué pasa, que no has sabido resolver el problema? – ¡mira que eres subnormal! (E)

juckig *adj (Verlangen nach Geschlechtsverkehr habend)*
horny
lookin' to get laid, hot and bothered, all riled up (USA)
cachondo/cachonda (E)
Ich habe gleich gesehen, dass sie juckig war.
J'ai vu tout de suite qu'elle avait le feu au cul [*o* derche]. (F)

Kagge

Geh Kagge schubsen! *(Hau ab!)*
Go fudge packing!
to stab sit, You are a bum bandit. (USA)
Va te faire foutre! (F)
¡Dar por el culo! (E)
Du bist ein Trottel! Geh Kagge schubsen!
You are such a dumbass! Go stab shit! (USA)
¡Eres un imbécil, vete a tomar por el culo! (E)

Käpt'n Wasserstoff *m (Person mit blondierten Haaren)*

blond(e)
bottle blond (USA)
blondinet *m*, mec *m* qui a les cheveux oxygénés (F)
rubio *m* de bote, rubia *f* oxigenada (E)

Kalorien

Kalorien tanken *(Fastfood essen gehen)*
refuel, Mac out, scoff (GB)
go to maccas (USA)
faire le plein de calories (F)
comer comida basura (E)

Kampffussel *f (kleine, aggressive Person)*
arsey midget (GB)
bulldog (USA)
teigne *f* (F)
pequeñito *m* pero matón, pequeñita *f* pero matona (E)
Achtung, da kommt die Kampffussel!
Watch out, here comes the arsey midget! (GB)
Watch out, there comes our bulldog! (USA)
Attention, voilà la petite teigne qui se pointe! (F)
¡Ojo, que ahí viene el enano peleón! (E)

käufen *vt (stehlen)*
to pinch, to steal, to filch, to lift, to rip off, to swipe
to nick (GB)
to get a five-finger discount, to swipe, to gank (USA)
tirer, chouraver (F)
birlar, mangar, choricear (E)

keimig *adj (eklig, widerlich, dreckig)*
disgusting, rank, revolting
mining, rough (GB)
nasty, gnarly, putrid (USA)
crade (F)
de pena (E)
Heute siehst du echt keimig aus.
You look really rough today.
You really look like shit [*o* ass] today. (USA)
Aujourd'hui, tu fais vraiment crade. (F)
Hoy tienes un aspecto de pena. (E)

Kellerbräune *f (blasse Haut)*
ghost/vampire tan (GB)
ghost, casper, whitey (USA)
peau *f* blanche comme un cul (F)
tono *m* como la leche (E)
Tolle Kellerbräune!
Tu es blanc/blanche comme un cul! (F)
¡Anda, que estás como la leche! (E)

Ketchupstopper *m (Tampon)*
blood bung, red wine cork, Dracula's teabag (GB)
Plug, cigar, jam rag (USA)
tampon *m* (F)
tampón *m* (E)

Kieskneipe *f (Bank)*
bank
bling bling, money-box (USA)
queban *f* (F)
banco *m* (E)

Kinderkoks *m (Zucker)*
sugar (GB)
sugary, goodness (USA)
sucre *m* (F)
azúcar *m* (E)

Klopskind *nt (sehr dumme Person)*
dumbarse, plank, blond(e) (GB)
an airhead, waste of skin, waste of oxygen, two cans short of a six pack (USA)
tachon *m*, tache *f* (F)
tarado *m*, tarada *f*, subnormal *mf* (E)

Klötenknacker *m (Domina)*
ballbreaker, bunny boiler, dominatrix (GB)
domina *f* (F)
sádica *f* (E)

Knallhütte *f (Bordell)*
knocking shop, massage parlour, whorehouse (GB)
bait shop, cat house, house of fun (USA)
boxon *m* (F)
burdel *m*, putiferio *m*, casa *f* de lumis (E)

Kniebeißer *m (Kind)*
anklebiter, anchor, rugrat
mioche *mf* (F)
criajo *m* (E)
Woll'n die Kniebeißer etwa zu unserer Fete?
Don't tell me the rugrats want to come to our rave?
Y a que des mioches à notre fête? (F)
¿Esos criajos quieren venir a la fiesta? (E)

Knochenschleuder *f (sehr dünner Mensch)*
wafer, skinny binny (GB)
bag of bones (USA)
sac *m* d'os (F)
saco *m* de huesos (E)
Silvia wird immer dünner – sie sieht schon aus wie eine Knochenschleuder!
Silvia is getting thinner and thinner – she's a skinny binny! (GB)
Silvia is getting thinner and thinner – pretty soon all that's left will be a bag of bones! (USA)
Silvia est de plus en plus maigre. C'est un vrai sac d'os! (F)
Silvia está cada vez más delgada – ¡está hecha un saco de huesos! (E)

knörzen *vi (rauchen)*
to have a fag, to smoke a brown (= from a packet), to have a rollie (= a roll-up) (GB)
to light one up, to go for a smoke, to blaze a sqare (USA)
cloper (F)
echarse un truja (E)

Kommunikationskeule *f (Telefon)*
phone, moby, grabba (GB)
celli, space phone, lifeline (USA)
bigophone *m* (F)
teléfono *m* (E)
Gib mir mal die Kommunikationskeule!
Give me your lifeline! (USA)
Passe-moi le bigophone! (F)
¡Pásame el teléfono! (E)

Körperklaus *m (tollpatschige, unbeholfene Person)*
spas (GB)
spaz, buffoon, klutz, stumblebum, blunderhead (USA)
empoté(e) *m(f)* (F)
patoso *m*, patosa *f* (E)

Kohlenbeschaffer *pl (Eltern)*
rents, rentals, olds (GB)
the p's (USA)
vieux *mpl*, mapa *mpl*, viocs *mpl* (F)
papis *mpl* (E)
Bekommst du nun das Kinogeld von deinen Kohlenbeschaffern?
Are your rents going to give you the money for the cinema? (GB)
Are you going to get the cash from your p's? (USA)
C'est tes viocs qui te filent la tune pour le cinoche? (F)
¿Que a ti te sueltan tus papis la pasta para el cine? (E)

Kopfgärtner *m (Friseur)*
stylist
coupe[-]tifs *m* (F)
peluquero *m* (E)
Mann, bei deiner Frisur würd' ich mal zum Kopfgärtner gehen – echt assi!
Man, you should get your barnet/mullet seen to – it's really rough/it sucks!
Dude, you need to go see a stylist to get that moptop taken care of – it looks like shit! (USA)
Putain, avec la tignasse que t'as, j'irais chez le coupe[-]tifs. T'as l'air d'un naze! (F)
¡Jo, con esta pelambrera yo me pasaría por la pelu!, ¡vaya asco! (E)

Korallenriff *nt (Pickelgesicht)*
pizza face, crater face
calculette *f* Ⓕ
cara *f* como una paella, cara *f* llena de granos pajeros Ⓔ

Krampfadergeschwader *nt (Ansammlung älterer Menschen)*
wrinklies, varicose vein brigade (GB)
raisin ranch (USA)
troupeau *m* de petits gris Ⓕ
panda *f* de vejestorios Ⓔ
Was macht denn das Krampfadergeschwader auf diesem Konzert?
What's that wrinkly doing at this concert? (GB)
What is the raisin ranch doing here at the concert? (USA)
Qu'est-ce que ce troupeau de petits gris fout à ce concert? Ⓕ
¿Qué hace esa panda de vejestorios en este concierto? Ⓔ

Krümelhusten *m*
Krümelhusten haben *(sich übergeben)*
to vomit, to puke, to throw up
to upchuck, to toss one's cookies, to kiss the porcelain god, to spew, to hurl, to blow chunks, to heave, to ralph (USA)
faire une pizza Ⓕ
cambiar la peseta, echar la pota Ⓔ

Kullerkeks *m*

sich einen Kullerkeks freuen *(sich sehr auf etwas freuen)*
to be well up for it
to be hyped up about something, to be psyched about, to get all googley, to be pumped up (USA)
être trop content(e) (F)
Ich freue mir einen Kullerkeks wegen des Konzerts am Wochenende!
J'ai trop hâte d'être à ce week-end pour voir le concert! (F)
¡Tengo mogollón de ganas de ir al concierto el fin de semana! (E)

Kumpelbumser *m (Betrüger, unaufrichtiger Mensch)*

backstabber, mofo, double-crosser (GB)
blue falcon (USA)
rat *m* (F)
cabrón *m* (E)
Der Typ ist voll der Kumpelbumser.
He's a blue falcon. (USA)
Il est trop rat avec ses potes. (F)
El tío es un verdadero cabrón. (E)

Latte *f (egal)*
Das ist mir doch Latte!
I don't give a toss! (GB)
J'en ai rien à battre! Je m'en tape! (F)
¡Me importa un carajo! (E)

Laufwerk *nt (Gehirn)*
gearbox, brick (GB)
rock (USA)
disque *m* dur (F)
coco *m*, mollera *f* (E)

lecker *adj (gut aussehend)*
tasty, fine
fit (GB)
hot, sweet, nice, foxy (USA)
bon(ne) (F)
que está para hacerle un favor (E)

Lungenbedürfnis *nt*

ein Lungenbedürfnis haben *(rauchen wollen, Lust auf eine Zigarette haben)*
to be dying for a fag, to be gasping (GB)
to want to blaze a sqare, to want a smoke (USA)
vouloir en griller une (F)
tener ganas de echarse un truja (E)
Hast du mir eine Zigarette? Ich hab' so ein starkes Lungenbedürfnis!
Have you got a cigarette? I'm gasping! (GB)
Do you have a cigarette for me – I really want to blaze a square! (USA)
T'as une cigarette? J'ai trop envie de cloper! (F)
¡Me das un truja – tengo unas ganas de echar una calada! (E)

Lungenbrötchen *nt (Zigarette)*

fag, ciggy (GB)
smoke, butt, cig (USA)
tige *f*, clope *f* (F)
cigarrillo *m* (E)

Männerabstellplatz *m (Bierzelt)*
boozer, beer tent (GB)
Beeranda, beer garden (USA)
chapiteau *m* (F)
parroquia *f* (E)
Der geht schon wieder zum Männerabstellplatz!
He's off to the beeranda again! (USA)
Il va encore au chapiteau! (F)
¡Ya va otra vez a la parroquia! (E)

Matratzenwärter(in) *m(f) (Langschläfer, Langschläferin)*
mattress hogger, lazybones, lie-abed (GB)
bum, drag, lackey, couchpotato, halfass (USA)
lève-tard *mf* (F)
marmota *f* (E)

Mattenschneider(in) *m(f) (Frisör, Frisörin)*
snipper, trimmer, scissor sister (GB)
miracle worker (USA)
coupe-tifs *m* (F)
peluquero *m* (E)

maulen

sich maulen *vr (hinfallen)*
face plant (GB)
to fall down, to step on the airhose, to take a digger [*o* a header] (USA)
se gaufrer (F)
caerse de morros, darse una hostia (E)

Maulpuff *m (Person, die viel küsst)*
serial snogger, tonsil tennis club (GB)
hussy, trollop, skank, cock-tease (USA)
persona *f* que se morrea con todos (E)
Sie ist voll der Maulpuff.
Elle roule des galoches à n'importe qui. (F)

Maus *f*
die Maus klicken *(masturbieren)*
jelly rolling, head massage for the bald man in the boat, petting the cat (USA)
se chatouiller le minou (F)
hacerse un dedo (E)

Miss Holland *f (Frau mit wenig Oberweite)*
Miss Holland (GB)
bird tits (USA)
planche *f* à pain, fax *m* (F)
tabla *f* de planchar (E)

mitmeißeln *vi, vt (im Unterricht mitschreiben)*
to take notes (in class)
to jot (USA)
gratter sur sa feuille (F)
tomar apuntes (E)
Schnell, meißel das mal mit – ist bestimmt wichtig für die Prüfung morgen!
Quick, take notes – it's probably important for the exam tomorrow!
Quick, jot that down – it's probably important for the exam tomorrow! (USA)
Vite, gratte ça sur ta feuille. C'est sûrement important pour l'interro de demain! (F)
¡Corre, apúntate eso, que seguro que es importante para el examen de mañana! (E)

Mördergurke *f (großgewachsener Penis)*
black mamba (GB)
meat loaf, majesty, manhood, jackhammer, Johnson, plunger, beefstick, shlong (USA)
teub *f* de la mort (F)
buena tranca *f*, buen pollón *m* (E)
Der hat bestimmt eine Mördergurke!
I bet he's got a black mamba! (GB)
He probably has a huge meatloaf! (USA)
Il a sûrement une teub d'enfer! (F)
¡Vaya cacho pollón que debe de tener ése! (E)

Motzkeks *m (Nörgler, Nörglerin)*
moaning minnie/Myrtle (GB)
attention whore (USA)
chieur *m*/ chieuse *f* (F)
tocapelotas *m* (E)
Du alter Motzkeks!
You attention whore! (USA)
T'es vraiment un chieur/une chieuse! (F)
¡Eres un tocapelotas! (E)

MOF *m (Mensch ohne Freunde)*
Billy-no-mates, larry, loner (GB)
loner, geek, dweeb (USA)
Rémy *m* (F)
autista *mf*, ermitaño *m*, ermitaña *f* (E)
Kein Wunder ist Jörg ein MOF – so ein Streber!
No wonder Jörg is a billy-no-mates, he's such a swot! (GB)
Joerg is a real loner – he is such a nerd! (USA)
Pas étonnant que Jörg n'ait pas de potes. Il s'la pète tellement! (F)
¡No me extraña que Jörg sea un autista – con lo empollón que es! (E)

Moppelkotze *f (etwas Ekelerregendes)*
something that is disgusting
merde *f* (F)
algo repugnante (E)

muckelig *adj (gemütlich)*
cosy, snug (GB)
warm, cosy, comfortable (USA)
cosy (F)
acogedor, super cómodo (E)

Münzmallorca *nt (Solarium)*
tanner (GB)
fake bake (USA)
solarium *m* (F)
rayos *mpl* (E)

Mundgulli *m (Mundgeruch)*
bad breath, dog breath
haleine *f* de phoque (F)
aliento *m* fétido (E)
Mann, hast du Mundgulli!
Man, your breath stinks/honks!
Dude, your breath stinks! (USA)
Putain, tu pues de la gueule! (F)
¡Te canta el pozo! (E)

Murmelschuppen *m (Kirche)*
church
seek and search (GB)
house of Bible thumpers, house of holy rulers (USA)
église *f* (F)
iglesia *f* (E)

Muschidübel *m (Tampon)*
pussy plug (GB)
plug, cigar, cotton pony (USA)
tampon *m* (F)
tampón *m* (E)

Muschitoaster *m (Sitzheizung)*
pussy toaster, bum boiler, heated seat(s) (GB)
but warmer (USA)
chauffe-cul *m* (F)
calienta huevos *m* (E)

Nabelküsser *m (kleiner Junge/Mann)*
short stop, shortie, midget
twerp (USA)
p'tit mec *m* (F)
canijo *m*, enano *m* (E)

Nagelstudio *nt (Puff)*
knocking shop, massage parlour, whorehouse (GB)
House of fun, cat's house, bait shop (USA)
boxon *m* (F)
burdel *m*, putiferio *m*, casa *f* de lumis (E)

Nahkampfstachel *m (Penis)*
prick, dick, cock, boner
schlong, wang (center), dank, johnson, dipstick (USA)
teub *f* (F)
polla *f* (E)

Naturwollsocken *pl (starke Beinbehaarung)*
gorilla legs (GB)
(a woman's) hairy legs (USA)
jambes *fpl* de yéti (F)
melena *f* en las piernas (E)
Naturwollsocken tragen
avoir des jambes de yéti (F)

Nebenchecker *m (Nachbar)*
(nosey) neighbour (GB)
nosy neighbor (USA)
voisin *m* (F)
vecino *m* (E)
Hau mal den Nebenchecker an, ob der 'ne Zigarette hat!
Demande au voisin s'il a pas une clope! (F)
Va taxer une clope au voisin! (F)

Nippelwetter *nt*
brass monkey weather (GB)
nipply weather, colder than a bear's ass (USA)
Mensch, ist das kalt! Das ist ja totales Nippelwetter!
Man, it's cold! It's real brass monkey weather! It's a bit nippy! (GB)
Boy is it cold! We are really having some nipply weather! (USA)
Putain, ça caille! Tu parles d'un temps de merde! (F)
¡Joder, qué frío! ¡Vaya rasca que hace! (E)

Noop *m (Person, die keine Ahnung hat)*
dumbarse, Johnny-no-stars (GB)
a bimbo (for females), brain dead, the lights are on but nobody's home, dumb as a stump, a brick short of a load (USA)
naze *mf* (F)
uno/una que no tiene ni zorra (E)
Frag bloß nicht Michael, der ist total der Noop!
Don't ask Michael, he's such a dumbarse! (GB)
Don't ask Michael, the lights are on but nobody's home! (USA)
Surtout demande pas à Michael, c'est un gros naze! (F)
¡Ni se te ocurra preguntarle a Michael, ése no tiene ni zorra de nada! (E)

Nougatfalte *f (Poritze)*
brown eye (GB)
wuzzway, plummer's crack (USA)
raie *f* du cul (F)
raja *f* del culo (E)

Nudel *f*
Check die Nudel! *(sei gegrüßt, mein Freund!)*
Gimme some skin! (= slap)
Gimme a touch! (= fist) (GB)
What's crackin'? What's poppin'? How's it hanging? Hey! What's up? (USA)
Tope-là! (F)
¡Choca esos cinco! (E)

Nullchecker *m (dumme oder untalentierte Person)*
stupid or completely useless person
nullos *m* (F)
cero *m* a la izquierda (E)

Nuttendiesel *m (schlecht riechendes Parfüm)*
prossie perfume, cat piss (GB)
goat-smellin perfume (USA)
parfum *m* à deux balles (F)
perfume *m* barato (E)
Die Tussi da riecht ja total nach Nuttendiesel!
That tart reeks of cat piss! (GB)
That girl totally ranks! (USA)
La meuf, elle sent trop le parfum à deux balles! (F)
¡Esa tía apesta a perfume barato! (E)

ölen *vi (schwitzen)*
sweat (buckets) (GB)
to sweat like a pig (USA)
suer comme un fou/une folle (F)
cantar el alerón, sudar como un pavo (E)
Ich öle wie verrückt!
I'm swimming!, I'm sweating like a pig! (GB)
Je sue ma mère! (F)
¡Me canta el alerón! (E)

Opfer *nt (Idiot, Trottel)*
jerk, freak, social retard
saddo (GB)
loser, sad sack [*o* case] (USA)
bouffon *m* (F)
gilipollas *m*, imbécil *m* (E)
Der Typ ist total das Opfer.
That guy's a total saddo.
C'est un vrai bouffon ce mec. (F)
Ese tipo es un gilipollas. (E)

Opferführer *m (Person, die nicht akzeptiert wird)*
victim, muppet
outcast, loner, outsider (USA)
boulet *m* (F)
autista *mf* (E)

optisch

voll optisch *adj (gutaussehend)*
stunning, eye candy, lush, shaggable (GB)
hot, smokin, hottie (USA)
top, trop canon (F)
potente, para untar (E)

Orgasmusbeschleuniger *m (Schnurrbart)*
fanny tickler (GB)
flavor savor, face fungus, mutton chop (USA)
chatouille-minou *m* (F)
bigote *m* ("el acelerador de orgasmos") (E)

Pappmaul *nt (trockener Mund)*
sawdust mouth, camel tongue (GB)
cotton mouth (USA)
gueule *f* pâteuse (F)
boca *f* pastosa (E)
ein Pappmaul haben
to have a cotton mouth (USA)
avoir la gueule pâteuse (F)
tener la boca pastosa (E)

Parkbankphilosoph *m (Obdachloser)*
park bench philosopher (GB)
low-life, bag lady (USA)
clodo *m* (F)
sin techo *m*, indigente *m* (E)

parken *vi*

bei jdm. parken *(mit jdm. Sex haben)*
to have it off with s.o., to bonk s.o. (GB)
to put Jack in the box (USA)
niquer quelqu'un (F)
tirarse, follarse, hacerse, cepillarse, petarse a alguien (E)
Heiße Schnecke – bei der würde ich gerne mal parken!
She's a bit of hot totty – I wouldn't mind shagging her! (GB)
Boy is she hot – I would love to put Jack in the box! (USA)
Elle est canon, j'y tremperais bien ma nouille! (F)
¡Vaya tía buena – ya me gustaría echarle un polvo! (E)

Partyparasit *m (uneingeladener Partyteilnehmer)*
gatecrasher (GB)
party crasher, random (USA)
incruste *mf*, parasite *mf* (F)
gorrón *m*, gorrona *f* (E)
Jörg kommt immer uneingeladen! So ein Partyparasit!
Jörg always arrives uninvited – what a gatecrasher! (GB)
Jörg always shows up uninvited! He is such a random! (USA)
Jörg vient toujours sans être invité! Il s'tape toujours l'incruste! (F)
¡Jörg siempre se planta en las fiestas sin que se le invite! ¡Vaya gorrón! (E)

Partyschranke *f (jemand, der nicht gerne feiert)*
partypooper
wall flower, life of the party (USA)
muermo *m*, persona a quien no le van las fiestas (E)
Ich wollte zu der Fete, aber mein Alter natürlich nicht – diese Partyschranke!
J'voulais aller à la fête, mais mon vieux bien sûr non. Tu parles d'un bonnet de nuit! (F)

passen *vi*
Passt schon! *(Das ist in Ordnung!)*
that's OK/cool!
That's cool! It's all good! Right on! (USA)
C'est ok! Ça marche! (F)
¡está bien!, ¡dabuti! (E)

Pattexbeziehung *f (enge Beziehung zwischen zwei Menschen, die nichts allein unternehmen)*
velcro relationship, joined-at-the-hip relationship (GB)
couple joined at the hip (USA)
paquete *m* de dos (E)
Ich hab genug von dieser Pattexbeziehung!
J'en ai marre qu'on soit toujours collés ensemble! (F)

peilen *vt (verstehen)*
to grok, to be clued up (GB)
capter (F)
entender, pillar (E)

Pelzlümmel *m (männliche Person mit extrem langem und dickem Haar)*
hairy ape
beaver-hat, granola, horse hair (USA)
chevelu *m*, hardos *m* (F)
melenas *m* (E)

Pfanne *f*
aus der Pfanne essen *(eine Frau oral befriedigen)*
to lick out the bowl
to munch box, go down on her, eat pussy, lick snatch (USA)
brouter le minou (F)
comer el coño (E)

Pfosten *m (dumme Person)*
plank Ⓖⓑ
brick short of a load, two cans short of a six pack ⓊⓈⒶ
gland *m*, cave *m* Ⓕ
tara(d)o *m*, tarada *f* Ⓔ
Mann, was ist denn das für ein Pfosten – der kapiert ja gar nichts!
What a plank – he doesn't understand a thing! Ⓖⓑ
Man, he is dumb as a stump – he doesn't get anything! ⓊⓈⒶ
Putain, tu parles d'un gland. Il capte que dalle! Ⓕ
¡Joder, qué tío más subnormal – no se entera de nada! Ⓔ

phat *adj (sehr gut)*
brilliant
trop bon(ne) Ⓕ
superguay Ⓔ

Pimmelkrause *f (kurzer, lockiger Haarschnitt)*
'fro „Nice fro there." ⓊⓈⒶ
afro *f* Ⓕ
pelo *m* rasta Ⓔ

pitschen *vt*

eins pitschen *(ein großes Glas Bier trinken)*
to skull (GB)
to guzzle (USA)
siffler une bière (F)
tomarse una birra (E)
Lass uns in den Biergarten gehen und eins pitschen!
Let's go to the beer garden and skull! (GB)
Let's go to a bar and guzzle down a few beers! (USA)
Viens, on va en siffler une en terrasse! (F)
¡Vamos a una terraza a tomarnos unas birras! (E)

plätsche *adj (bescheuert, durchgeknallt)*
mental, mad
koo koo, cracked, looney, whacked, crazy, loopy (USA)
golio (F)
grilla(d)o/grillada, pira(d)o/pirada (E)

Plantschkuh *f (Nilpferd)*
hippo
hippopotame *m* (F)
hipopótamo *m* (E)
Auf der Safari haben wir sogar Plantschkühe gesehen!
On the safari, we even saw hippos!
On a même vu des hippopotames pendant le safari! (F)

Plattenpräsident *m (Discjockey)*
DJ, turntabler
selecta, wheelspinner (GB)
spin doctor (USA)
DJ *m* (F)
pincha *m* (discos), deejay *m* (E)
Welcher Plattenpräsident legt heute auf?
Which DJ is spinning tonight? (GB)
Who's the spin doctor tonight? (USA)
C'est qui le DJ ce soir? (F)
¿Qué pincha hay esta noche? (E)

pöhlen *vi (Fußball spielen)*
to have a kickabout (GB)
taper le ballon (F)
echar una pachanguita, dar unas pataditas (E)

polen *vt* 1. *(klauen, stehlen)* 2. *(abschreiben, spicken)*
1. nick, steal, rip, tax, gaffle, skank, dice; 2. copy, crit (GB)
1. to make a 5-finger discount; 2. to be a copy cat (USA)
1. endormir, tirer, embrouiller; 2. carotter, pomper (F)
1. choricear; 2. chuletear (E)

Pommespanzer *m (korpulente Person)*
bloater, jelly belly, lard-arse (GB)
Porky the pig, beached whale, tub of lard, lardass (USA)
gros lard *m*, grosse vache *f* (F)
foca *f* (E)
Der ist vielleicht ein Pommespanzer.
What a lard boy. (GB)
Check out chubby. (USA)
Tu parles d'un gros porc. (F)
Ese está hecho un armario. (E)

ponsen *vt (ein Wort im PONS-Wörterbuch nachschlagen)*
to look up in a (PONS) dictionary
chercher dans un dico PONS (F)
mirar en el PONS (E)

Popelteppich *m (Taschentuch)*
snot rag
tire-jus *m* (F)
moquero *m* (E)

Poperze *f (Idiot)*
asshole, prick
dumb ass cracker (USA)
bouffon *m* (F)
gilipollas *mf* (E)
Du bist voll die Poperze!
T'es un bouffon toi, hein! (F)
¡Eres de lo más gilipollas! (E)

poppen *vi (Geschlechtsverkehr haben)*
to get laid, to shag (GB)
to do the nasty, to knock boots, to seal the deal, to bang (USA)
niquer (F)
echar un polvo, follar (E)

porno *adj (super)*
extreme
awesome, the (da) bomb, pimp, bitchin', wicked, tight (USA)
dément(e) (F)
superguay (E)

Pornobalken *m (Möchtegern-Schnurrbart)*
facial fungus
teenage 'tache, bum fluff (GB)
scruff, peach fuzz, 5 o' clock shadow (USA)
pisseux *m* (F)
bigotillo *m* (E)

Puddingdampfer *m (dicke, übergewichtige Person)*
pie eater, whale, helipad, bloater, blob, blimp (GB)
fat ass, fat bastard, tubby, tubbo, lard ass (USA)
veau *m*, baleine *m*, tas *m* (F)
bola *f* con patas, mesa *f* camilla (E)

Pulloverschwein *nt (Schaf)*
sheep
mouton *m* (F)
oveja *f* (E)

pumpen gehen *(ins Fitnessstudio gehen)*
to pump iron, to (go) work out
to hit the gym, to go lifting (USA)
faire de la gonflette (F)
ir al gimnasio (E)

Puschi *f (Mädchen, das einen Push-up-BH trägt)*
pushie, Wonderbabe
hootchie mama (USA)
miss *f* wonderbra (F)
chica *f* de los flotadores (E)

ralle *adj (betrunken)*
steaming, rocking
murgé(e), pété(e), cassé(e) Ⓕ
colocado Ⓔ

rallen *vt (verstehen)*
to understand
to get (USA)
imprimer, capter Ⓕ
Jetzt rall ich das!
Now I get it!
Ça y est, j'imprime [*o* j'ai capté]! Ⓕ
¡Ahora lo pillo! Ⓔ

Rammelbude *f (Bordell)*
knocking shop, massage parlour, whorehouse (GB)
bait shop, cat house, house of fun (USA)
boxon *m* Ⓕ
burdel *m*, putiferio *m*, casa *f* de lumis Ⓔ

Ranzratte *f (Person, die wenig Wert auf Hygiene legt)*
stinker
minger (GB)
dirt-bag, scum-bag (USA)
crado *mf* Ⓕ
guarrón *m*/ guarrona *f* Ⓔ

Rauchmelder *m (Pausenaufsicht)*
smoking patrol
fag watch (GB)
hall monitor (USA)
pion *m* (F)
profe *m* que vigila el patio (E)

Rauschkugel *f (betrunkener Mensch)*
piss-head, masher (GB)
lush, alky (USA)
mec *m* murgé/meuf *f* murgée (F)
uno/una que está pedo, uno que está mamado/una que está mamada (E)
Mann, warst du vielleicht 'ne Rauschkugel auf der Party gestern – wie viel Bier hattest du denn?
You were a real piss-head at the party yesterday – how many beers did you drink? (GB)
You were a real lush at the party yesterday – how many beers did you have? (USA)
Putain, t'en tenais une bonne hier. T'as bu combien de bières? (F)
¡Tío, vaya un pedo que llevabas ayer en la fiesta! – ¿cuántas birras te habías metido? (E)

Red-Nose-Time *f (Schnupfen)*
red nose time (GB)
nasal diarrhea (USA)
crève *f* (F)
trancazo *m* (E)

reinhauen *vi*
Hau rein! *(tschüss!)*
bye, laters
speak soon (GB)
(catch/check ya) later, c-ya, hasta luego, all right then, adios (USA)
ciao (F)
chao, nos vemos (E)

reinstressen *vi (Hektik verbreiten)*
to get stressed
to throw a barney (GB)
to flip/freak out, to go nuts/psycho/postal, to lose it, to be out of control (USA)
être speed (F)
poner de los nervios (E)

Reiterhof *m (Bordell, Puff)*
knocking shop, whorehouse
cat house, house of ill repute (USA)
bordel *m* (F)
puti *m* (E)

rektale Disharmonie *f (Durchfall)*
spitfire bum (GB)
scoots, hurricane Rhea (USA)
courante *f* (F)
rilarse (E)
an rektaler Disharmonie leiden *(Durchfall haben)*
irse patas abajo (E)

Ritzenputzer *m (Stringtanga)*
thong, tanga, string, crack splitter, cheese wire
G-string (USA)
coupe[-]crotte *m* (F)
tanga *m* (de cordón) (E)

Ritzenschoner *m (Stringtanga)*
cheese wire (GB)
butt floss (USA)
coupe[-]crotte *m* (F)
tanga *m* (E)

Rotzschleuder *f (Frau, die sehr viel weint)*
cry baby
wet blanket, weeper (GB)
bawl baby, attention whore, whiner (USA)
pignouse *f*, chialeuse *f*, pleurnicheuse *f* (F)
llorona *f* (E)
Du heulst ja schon wieder, was bist du denn für eine Rotzschleuder?
You're crying again – what a wet blanket! (GB)
You're crying again? – You're such a bawl baby! (USA)
Tu chiales encore! T'es vraiment une pignouse! (F)
Ya estás lloriqueando otra vez – ¡pero qué tía más llorona! (E)

rudeln *vi (Gruppensex haben)*
gang bang
swing (GB)
partouzer (F)
montarse una orgía (E)

Rudelpisser *pl (Mädchen, die in Gruppen zur Toilette gehen)*
pack pisser(s), group/girlie slash (GB)
piss party (USA)
meufs *fpl* qui vont aux chiottes ensemble (F)
chicas *fpl* que van al servicio en panda (E)

rumhauen *vi (küssen oder auch mehr)*
to sleep around
to snog (GB)
to kiss, to mack (on sb) (USA)
se bécoter (F)
darse el lote (E)

rumlecken *vi (Zungenküsse austauschen)*
to snog, to pull (GB)
se rouler des pelles [***o*** patins] (F)
morrearse (E)

rumlöffeln *vi (sich küssen)*
to kiss
to snog (GB)
to make out, to mack (on sb) (USA)
se bisouiller (F)
darse el pico (E)

rummädeln *vi (wehleidig sein)*
to whinge, to moan
pigner (F)
Hör auf hier rumzumädeln!
Stop whingeing!
Arrête de pigner! (F)
¡Deja de hacer el quejica! (E)

Rüsselpest *f (Schnupfen)*
cold, snotty nose
crève *f* Ⓕ
constipado *m* Ⓔ

saugen *vt (downloaden)*
to leech, to download
pomper Ⓕ
descargar [*o* bajarse] (de Internet) Ⓔ

Schamhaarschädel *m (kurzer, lockiger, hässlicher Haarschnitt)*
femullet, pube 'do ⒼⒷ
bad hair day ⓊⓈⒶ
coupe *f* à la mord-moi-le-nœud Ⓕ
pelo *m* polla Ⓔ

schicken *vt (nerven, stressen, aufregen)*
to stress/freak out ⓊⓈⒶ
stresser, gaver Ⓕ
poner a cien a Ⓔ
Das plötzliche Geräusch schickte ihn.
The sudden noise freaked him out. ⓊⓈⒶ
El ruido repentino le puso a cien. Ⓔ
Dauernd kommt sie angerannt und will was – das schickt mich!
Elle déboule sans arrêt pour demander quelque chose, ça m'stresse [*o* m'gave]! Ⓕ

schlauchen *vt (schnorren)*
to scrounge
to blag (GB)
taxer (F)
gorrear (E)

schlendern *vi (onanieren)*
to jerk the gherkin, to bash the bishop, to finger the fairy (GB)
to wank, to kill a kitten, to spank the monkey (USA)
s'astiquer (F)
cascársela (E)

Schmachti *m (Weichling)*
sissy, wuss(y)
pussy (USA)
couille *m* molle (F)
blandengue *m* (E)

Schmachtlappen *m (dünner, großer Mann)*
lanky legs
gangly, rake, stick (USA)
grande asperge *f*, grande perche *f* (F)
espárrago *m* (E)

Schmacko *m (attraktiver Junge)*
hottie
tío *m* bueno (E)
Mm, nich' schlecht, dein Bruder is' echt 'n Schmacko!
Mm, not bad, your brother's really fit!
¡Mm, no está mal, tu hermano está bueno! (E)

Schneckattack *f (Situation, in der sich ein Junge plötzlich mit mehreren attraktiven Mädchen konfrontiert sieht)*
horn attack (GB)
plan *m* gonzesses (F)
situación en la que un chico tiene que vérselas con varias chicas a la vez (E)

Schnellficktreff *m (Diskothek)*
quickie club, pickup point (GB)
meat market (USA)
baisodrome *m* (F)
garito *m* para picar (E)

Schnellscheißerhose *f (Hose mit tief sitzendem Bund)*
wiggers, bagsters (USA)
baggy *m* (F)
pantalones *mpl* de rapero (E)
Zieh dir mal deine Schnellscheißerhose hoch – die hängt schon fast bis zum Boden!
Pull up your wiggers – they're hanging on the floor! (USA)
Remonte ton baggy, il te descend presque jusqu'aux chevilles! (F)
¡Súbete esos pantalones de cagón, que ya los llevas por los suelos! (E)

Schnippi *m* 1. *(Penis)* 2. *(Dummkopf, Tollpatsch)*
dick(head), knob(head), prick, dipstick, grib (GB)
2. hung like a gerbil (USA)
1. teub *m*, zob *m;* 2. tache *f*, bouffon *m* (F)
1. polla *f*; 2. patoso *m*, caraculo *m* (E)

Schnodderseuche *f (Schnupfen, Erkältung)*
cold, sneeze
sniffles *pl* (USA)
crève *f* (F)
resfriado *m* (E)

Schnürschinken *m (korpulente Person in enger Kleidung)*
porker
bustin' the seams (USA)
truie *f* (F)
Boah, was fürn Schnürschinken!
Putain, regarde la grosse vache comment elle est saucissonnée dans ses fringues! (F)
¡Vaya (una) morcilla! (E)

schorlen *vi (Getränke mixen, mischen)*
mix (drinks) (GB)
graveyard (USA)
faire un cercueil (F)
hacer mezclas (E)

Schrumpelrose *f (alte Frau)*
wrinkly
prune, dried-up raisin, old bag, old fart, hag, cougar (USA)
vieille peau *f* (F)
vejestorio *m* (E)
Guck dir mal die Schrumpelrose im Kinderbecken an!
Look at that old wrinkly in the kiddies' pool!
Look at the old prune sitting by the baby pool! (USA)
Regarde la vieille peau dans la pataugeoire! (F)
¡Mira qué vejestorio en la piscina de los niños! (E)

Schwanzbart *m (dünner Oberlippenbart)*
teenage 'tache, bum fluff, face fungus (GB)
soul patch, dirty upper lip (USA)
duvet *m* (F)
pelusilla *f* (E)

Schwitzrückenseminar *nt (Sauna)*
sweatbox (GB)
sauna (USA)
sauna *m* (F)
sauna *f* (E)

shiggisch *adj (modern, neu, schick)*
trendy
whiz-bang (USA)
tendance (F)
ir fashion (E)
Warst du schon in der neuen Disko? Die ist total shiggisch!
Have you been to the new club? It's really trendy!
Did you check out the new disco yet? It is totally whiz-bang! (USA)
T'es déjà allé dans cette nouvelle boîte? Elle est carrément in! (F)
¿Has estado ya en la nueva discoteca? ¡Es una pasada! (E)

shredden *vi (skaten)*
to shred (GB)
to thrash (USA)
faire du skate, skater (F)
patinar con el monopatín [*o* los patines en línea] (E)

simsen *vi (eine SMS per Handy schicken)*
jemandem simsen
to text someone
envoyer un texto [*o* un SMS] à quelqu'un (F)
enviar un mensaje con el móvil a alguien (E)

snacken gehen *(eine Kleinigkeit essen)*
to go for a bite
to grab a bite/something to eat/a snack (USA)
s'taper un p'tit truc à bouffer (F)
tomar un bocado (E)

Snaggi *m (Imbiss)*
snack, bite, nibble (GB)
snack, bar (USA)
snack *m* (F)
puesto *m* para picar algo (E)

Softwürfel *m (Weichei, sensible Person)*
wuss (GB)
softy (USA)
couille *f* molle (F)
blandengue *mf*, ser una niña *(auf Jungs bezogen)* (E)
Sei kein Softwürfel und komm mit!
Don't be such a wuss, come with us!
Don't be such a softy, just come along! (USA)
Fais pas ta couille molle et viens avec nous! (F)
¡No seas dengue y vente! (E)

Spargelstecher *pl (Damenschuhe, die vorne spitz zulaufen)*
winkle-pickers, witch(y) shoes, munchkins (GB)
cockraoch killers, winkle pickers (USA)
chaussures *fpl* à bout pointu (F)
zapatos *mpl* de chúpame la punta (E)

Sprechkäse *m (Speichelreste im Mundwinkel)*
crust
drool, gunk, spittle (USA)
bave *f* (F)
baba(s) *f(pl)* en la comisura de la boca (E)

Spritzpups *m (feuchte Blähung)*
follow-through, juicy one (GB)
squirter (USA)
pet *m* foireux (F)
rasgada *f* (E)

Sprudel
Sprudel zapfen *vi (urinieren)*
to pee, to piss, to drain the vein, to have a nature call (USA)
pisser un bol (F)
echar una caña (E)

Sprühwurst *f (Durchfall)*
Niagara falls, runs, shits
shittin' curry, Hershey squirts, the runs, backdoor trots (USA)
chiasse *f*, déripette *f* (F)
cagalera *f* (E)
Den ganzen Urlaub über hatte ich Sprühwurst.
I had the Niagara Falls all holiday.
I was shittin' curry during my entire vacation. (USA)
J'ai eu la chiasse pendant toutes les vacances. (F)
Me pasé todas las vacaciones con cagalera. (E)

Standgebläse *nt (sehr kleiner Mensch)*
shortie, short-arse, short stop, midge, vertically challenged person (GB)
tiny tim, elf, midget (USA)
nain *m*, nabot *m* (F)
tapón *m*, retaco *m* (E)
Schau mal, was für'n Standgebläse!
Hey, look at Tiny Tim! (USA)
Vise un peu le nain! (F)
¡Mira que retaco! (E)

steil gehen *vi (eine ganze Nacht in verschiedenen Clubs und Diskos verbringen)*
to pull an all-nighter
to go clubbing [*o* bar hopping] (USA)
faire la tournée [des boîtes] (F)
ir toda la noche de discos (E)

sticksie *adj (spindeldürr)*
stick thin, thin as a rake, anorexic stick insect (GB)
skinny as a rail, toothpick, sandwich girl (USA)
maigre comme un clou (F)
espárrago *m*, chuletilla *f* rebañada (E)

Stopfer *m (sehr dicke Person, die sehr viel isst)*
bloater´
blimbo, porky the pig, pudgy, large Marge, hog, blimp (USA)
grosse bouffe *f* (F)
manteca(s) *mf*, zampabollos *mf* (E)

strack *adj (betrunken)*
bombed, hammered, mashed, smashed, wasted, drunk as a skunk
pissed as a fart (GB)
trashed, fucked-up, annihilated, obliterated, ripped, loaded, blitzed (USA)
blindé(e) (F)
colocado, colocada (E)

Straßenpizza *f*
eine Straßenpizza produzieren *(sich übergeben)*
to chunder, to whitey, vom, Wallace and Gromit (GB)
to toss one's cookies, to yawn in Technicolor, to laugh at the ground, to toss your cookies, dialing the big white porcelain telephone, driving the big white porcelain bus, upchuck (USA)
faire une galette (F)
echar la pota en la calle; potar en la calle (E)
Mir ist so übel – ich glaub', ich muss 'ne Strassenpizza produzieren!
I feel really ill – I think I'm going to have to Wallace and Gromit! (GB)
I feel so sick – I think I'm going to yawn in Technicolor! (USA)
Je suis trop mal! Je crois que j'vais gerber! (F)
¡Estoy de puta pena – creo que voy a echar la pota en plena calle! (E)

stratzen *vi (gehen)*
to leg it, to peg it
irse, abrirse Ⓔ
Ich stratz' da mal hin zum Kino.
I'll leg it to the cinema.
I'm leggin' it to the movies. (USA)
J'vais m'faire une toile. Ⓕ
Me voy al cine. Ⓔ

Streuselschnecke *f (Person mit Pickeln im Gesicht)*
pizza face, zit face, lots of pizza with extra cheese
calculette *f*, boutonneux *m*/boutonneuse *f* Ⓕ
uno/una que tiene la cara como una paella, uno/una con granos pajeros Ⓔ

Struller *m (Penis)*
dick
zob *m*, teub *f* Ⓕ
polla *f* Ⓔ

Studentengurke *f (Fahrrad)*
dunger, boneshaker, rust bucket (GB)
scrambler (USA)
vieille bécane *f* (F)
trasto *m* de bici, bici *f* mierdera (E)
Bist du mit dem Auto gekommen? – Nee, mit meiner Studentengurke!
Did you come in the car? – No, in my rust bucket! (GB)
Did you come by car? – No, I grabbed the old scrambler! (USA)
T'es venu en voiture? – Non, avec ma vieille bécane! (F)
¿Has venido en coche? – No, ¡en el trasto de mi bici! (E)

stummelbumsen *vi (eine Zigarette an einer brennenden Zigarette anzünden)*
to grab a spark (GB)
steal a light (USA)
pasar el pitillo, pasar la lumbre (E)
Ey, yo können wir mal eben stummelbumsen?
Hey, can I steal a light? (USA)
Passe-moi ta clope pour que j'allume la mienne. (F)
¡Venga, pásame el pitillo! (E)

sullen *vi (auf die Straße spucken)*
to gob, to bogey-blow (GB)
to do an air-hanky (USA)
mollarder (F)
echar un gapo [*o* pollo] (E)

Synapsentango *m*

Der ist voll im Synapsentango. *(völlig betrunken)*

He's completely out of his brains.

He's completely shit-faced, smashed, wasted, trashed, tanked, sloshed, tanked, pickled (USA)

Il est complètement bourré [*o* pinté]. (F)

está mamado, está pedo, vaya un globo que lleva (E)

Taschendrachen *m (Feuerzeug)*
lighter
feu *m* Ⓕ
encendedor *m* Ⓔ

Teller *m*
am Teller drehen *(durchdrehen)*
to crack up, to lose it
to throw a barney (GB)
to freak out, to go crazy [*o* nuts] [*o* postal] (USA)
péter un câble Ⓕ
pasarse de rosca Ⓔ
Ich dreh' gleich am Teller!
I'll flip in a minute!
I'm about to lose it! (USA)
J'vais péter un câble! Ⓕ

Teppichporsche *m (kleiner Hund)*
rat, rat dog, mut, yipper, pooch, ankle biter (USA)
p'tit iench *m*, p'tit clebs *m* Ⓕ
chucho *m* canijo Ⓔ
Was? Das soll ein Hund sein – sieht eher aus wie ein Teppichporsche!
What? You call that a dog – it looks more like a rat to me!
Quoi? C'est un chien ça? Ça ressemble plutôt à une crotte! Ⓕ

Terrorkrümel *m (nervende Person)*
(pain in the) arse (GB)
uptight, Captain Bringdown (USA)
pète-couilles *m*, casse-couilles *m* (F)
(me) pones de los nervios (E)
Lass mich endlich in Ruhe, du Terrorkrümel!
Leave me in peace – you're a pain in the arse! (GB)
Leave me alone – you are such a Captain Bringdown! (USA)
Fous-moi la paix! T'es vraiment casse-couilles! (F)
¡Déjame en paz de una vez – tío plasta! (E)

tickern *vt (eine SMS/mehrere SMS schreiben)*
to text
textoter (F)
escribir (E)

Tittenfisch *m (dicker Mann mit großen Brüsten)*
saggy pecs, D-cup, tit features (GB)
man-boobs, moobs, breasticle, mantits, man who needs a man-bra (USA)
keum *m* avec des nibes (F)
armario *m* (E)

Tittenstrick *m (BH)*
tit sling
melon strap, tittie tent, over the boulder shoulder holder (USA)
soutif *m* (F)
sujeta *m* (E)

Tonnentäubchen *nt (dicke, übergewichtige Frau)*
bloater, heffer, whale (GB)
little Debie, large Marge, heavy stepper (USA)
baleine *f*, gros tas *m* (F)
tonel *m*, morsa *f* (E)
Das ist ein Tonnentäubchen!
Look at the heavy stepper over there! (USA)
¡Vaya tonel! (E)

Topschuss *m (Person, die sehr gut aussieht)*
scorcher, ten (GB)
foxy, hot shit, slammin', mad honey (USA)
canon *m*, nonca *m* (F)
uno/una que tiene un buen polvo, uno/una que está cañón (E)
Deine neue Freundin ist ja der absolute Topschuss!
Your new girlfriend is a real scorcher! (GB)
Your new girlfriend is a mad honey! (USA)
Ta nouvelle copine, c'est un vrai p'tit canon! (F)
¡Tu nueva chica está para hacerle un favor! (E)

Treibhaus *nt (Bordell)*
knocking shop, massage parlour, whorehouse (GB)
bait shop, cat house, house of fun (USA)
boxon *m* (F)
burdel *m*, putiferio *m*, casa *f* de lumis (E)

Tubensonne *f (Selbstbräuner)*
tube tan, San Tropez (GB)
self-tanning lotion (USA)
autobronzant *m* (F)
moreno *m* de bote (E)

Turn *m*
keinen Turn haben *(in schlechter Stimmung sein)*
not to be arsed (GB)
to be in an ugly, to be in a pissy (bitchy) mood (USA)
ne pas être dans le move (F)
estar de mal rollo, estar de mala hostia (E)
Lass mich in Ruhe – ich hab heut' absolut keinen Turn!
Leave me alone, I can't be arsed today! (GB)
Leave me alone, I'm in an ugly! (USA)
Lâche-moi, j'suis pas dans le move aujourd'hui! (F)
¡Déjame tranquilo que hoy ando de mala hostia! (E)

Türstehergrill *m (gasbetriebener Heizstrahler, meist vor Diskotheken oder Bars)*
security toaster (GB)
radiator (USA)
radiateur *m* extérieur (F)
estufa *f* (E)
Dreh mal den Türstehergrill runter, ich krieg schon Sonnenbrand.
Turn down the radiater, I'm getting a sun burn. (USA)
Baisse le radiateur extérieur, j'suis en train de griller. (F)
Quita la parrilla que ya estoy tostado por un lado. (E)

twixen *vt (heimlich rauchen)*
to have a sly spark (GB)
to sneak a toke, to cop a smoke (USA)
cloper en cachette (F)
echarse un pitillo a escondidas (E)
Komm lass' uns eine twixen gehen – hinter den Sträuchern sieht uns keiner!
Let's go and have a sly spark – no one will see us behind the bushes! (GB)
Come on, let's go sneak a toke – nobody will see us behind the bushes! (USA)
Viens, on va en cloper une en douce. Derrière les buissons personne ne nous verra! (F)
¡Venga, vamos a echarnos un pitillo – aquí detrás de los arbustos no nos ve nadie! (E)

Umdrehung *f (Alkoholgehalt eines Getränks)*
proof, percent
potency (USA)
porcentaje *m* de alcohol de una bebida (E)
Auf der Party war ich total strack – dieser Wodka hat tierisch Umdrehungen!
J'étais pété(e) à la teuf, cette vodka arrache à mort! (F)

umtapezieren *vi (die Damenbinde wechseln)*
to redecorate, to change (sanitary) pads (GB)
to change the rag (USA)
changer sa couche (F)
quitarse el pastel (E)

uniformierter Bewegungsmelder *m (Verkehrspolizist)*
traffic cop
man in blue, Johnny law, pig, piggy, five-O, fuzz (USA)
keuf *m* (F)
policia *m* en uniforme que arregla el tráfico (E)
Fahr langsam – an der Kreuzung steht ein uniformierter Bewegungsmelder!
Drive slowly – there's a traffic cop at the crossroads (GB)
Drive slower – a man in blue is regulating traffic! (USA)
Ralentis, y a un keuf au carrefour! (F)
¡Despacio, que en el cruce hay un munipa! (E)

unsten *adv (sehr)*
extreme(ly), quality (GB)
da bomb, slammin', radical (USA)
trop classe, géant, délire (F)
de puta madre (E)
Das ist unsten geil. Das ist unsten krass.
C'est trop du délire. (F)
esto mola mogollón/un pegot, es una pasada (E)
Das Konzert war unsten geil!
That concert was quality! (GB)
The concert was radical! (USA)
Le concert était géant! (F)
¡El concierto fue la hostia! (E)

Upstyler *m (modisch gekleidete Person)*
fashion/style icon
upstyler (GB)
kissman *m* (F)
persona *f* vestida a la última moda (E)
Ihr neuer Stecher is'n Upstyler, immer voll cool!
Her new crush is an upstyler, always really cool!
The guy she's got a crush on is a total fashion icon, always way cool! (USA)
Son nouveau mec est le roi de la sape, toujours classe! (F)
Su nuevo amigo va siempre vestido a la última, ¡es superguay! (E)

urst *adv (sehr)*
extremely
way, mega, wicked, hella, totally (USA)
trop (F)
muy, súper (E)

verludert *adj (sehr attraktiv)*
done up, dolled up, styled up
spliffy, all buffed up, spiffed up, primped up, cleaned up good, gussied up (USA)
Du siehst aber heute ganz schön verludert aus.
T'es super classe aujourd'hui. T'es trop beau/belle aujourd'hui. (F)
Estás que rompes hoy. Hoy te sales. (E)

vierlagig *adj*
Massiv vierlagig! *(extrem gut)*
multi-talented
lush (GB)
tip top (F)
superbueno (E)

voll nich *adv* 1. *(auf gar keinen Fall)*, 2. *(ganz und gar nicht, überhaupt nicht)*
no way (José), not on your nelly, not bloody/fucking likely! (GB)
get out!, for real (USA)
1. Pas question!, dans tes rêves!; 2. pas du tout (F)
ni de coña (E)

vorbeischnicken, vorbeischnippen *vi (vorbeikommen)*
to drop by, to pop in
bei jemandem vorbeischnicken
rabouler chez qn (F)
hacer una visita (E)

vorglühen *vi (vor einer Party Alkohol trinken, um sich in Stimmung zu bringen)*
to pre-party (USA)
se mettre en jambe, allumer la chaudière (F)
pillar el puntillo, tajarse (E)
Wir treffen uns vor der Disko bei mir und glühen vor.
Let's meet before the club and pre-party. (USA)
On s'voit chez moi avant d'aller en boîte pour picoler un peu. (F)
Antes de ir a la discoteca quedamos en mi casa para pillar el puntillo. (E)

vorlöten *vi (vor einer Party Alkohol trinken, um sich in Stimmung zu bringen)*
to get drunk before going out somewhere
allumer la chaudière (F)
ponerse en onda (con alcohol antes de ir a una fiesta o a un concierto) (E)

Vorstufe *f (Flirt)*
to make your (first) move, to give him/her the eye (GB)
to hit on, to mack on (USA)
allumer, chauffer (F)
drague *f* (E)

wacken *vi* 1. *(feiern)* 2. *(Freunde treffen)* 3. *(kiffen)* 4. *(losgehen, sich beeilen)*
1. to celebrate, to party (GB)
get my johnny's blaze on, 420 time, to go and get fried, light up a joint/reefer (USA)
1. faire la teuf; 2. se filer rancard avec des potes; 3. fumer; 4. speeder (F)
1. ir de mambo; 3. fumar un porro, darle al petardeo (E)
Lass uns wacken gehen!
Let's go and get fried! (USA)
¡Vamos de mambo! (E)

Wanztrammeln *nt (Bauchschmerzen)*
stomach ache, belly blues
upset stomach (USA)
mal *m* de bide (F)
dolor *m* de barriga (E)

Wasserstange *f:*
'ne Wasserstange in die Ecke stellen *(auf die Toilette gehen)*
to drain the main vein
to go for a leak/slash, to syphon the python, to point percy at the porcelain (GB)
to piss, to shake the monkey (USA)
aller pisser (F)
voy a cambiar el agua al canario (E)

Wayne *(wen interessiert das schon? na und, was soll's?)*
Larry (GB)
I guess, whatever (USA)
Elle est chouette ton histoire! (F)
Kennst du Wayne? Wayne interessiert es?
Do you know my friend Larry? Go speak to Larry? (GB)
Speak to my hand (because my ears won't listen) (USA)
J'en ai rien à battre! Je m'en bats les couilles! (F)
¡Tresco, tres cojones me importa! (E)

Weizenspoiler *m (dicker Bierbauch)*
beer belly
spare tire, beer gut (USA)
gros bide *m* (F)
tripa *f* cervecera (E)

Welterträner *m (jemand, der viel weint)*
cry-baby, whinger, wimp, wuss, woofter, pansy, girl (GB)
cry baby, wussy (USA)
pignouf *m*/pignouse *f* (F)
llorica *m*, llorón *m* (E)

Würfelhusten *m (Erbrechen)*
chucking up, puking, throwing up, vomiting
upchucking, tossing one's cookies, kissing the porcelain god, hurling, blowing chunks, heaving, ralphing, spewing (USA)
gerbe *f* (F)
mareo *m*, vómito *m* (E)

Zappelbunker *m (Diskothek)*
club
(night)club (USA)
boîte *f* (F)
disco *f* (E)

zentrieren *vt*
jemandem eine zentrieren *(jemanden schlagen)*
to deck someone
to clock someone (GB)
foutre sur la gueule à quelqu'un (F)
pegarle una hostia a alguien (E)

Zickenalarm *m (viele launische, eigensinnige Mädchen)*
chicks' den, lesbian labs (GB)
bitch alert
plan *m* chieuses (F)
plaga *f* de chicas insoportables (E)

Zickenstall *m (Damentoilette)*
stock exchange (USA)
chiottes *fpl* des meufs (F)
servicio *m* de chicas (E)

zocken *vi (spielen)*
to play, to gamble
jouer (F)
jugar (E)
Zocken wir am Computer?
Fancy a game on the computer?
Wanna play some computer games? (USA)
On s'fait un jeu [*o* des jeux] à l'ordinateur? (F)
¿Jugamos al ordenador? (E)

zuföhnen *vt*
jemanden zuföhnen *(viel auf jemanden einreden)*
to prattle on to someone (GB)
to blabber, to talk trash (USA)
gaver quelqu'un à tchatcher sans arrêt (F)
dar el coñazo/la brasa a alguien, comer(le) la oreja a alguien (E)
Total nervig! Der hat mich doch wirklich zwei ganze Stunden zugeföhnt!
What a pain! He prattled on to me for two whole hours! (GB)
How annoying! He really talked trash two entire hours non-stop! (USA)
La galère! Il m'a tenu la grappe pendant deux heures! (F)
¡Qué tío más pesado! ¡De verdad que me estuvo dando a plasta dos horas enteras! (E)

zugetackert *adj (mit vielen Piercings)*
megapierced
lleno de piercings Ⓔ

züngeln *vi (sich küssen)*
to pull, to snog, to score (GB)
smooch, suck face (USA)
to play tonsil tennis
se rouler des pelles Ⓕ
comerse el boquerón Ⓔ

Notizen

Notizen

Notizen

Notizen

Notizen

Notizen

Notizen

Notizen